VESUVIO

ZULMIRA RIBEIRO TAVARES

# Vesuvio

COMPANHIA DAS LETRAS

Copyright © 2011 by Zulmira Ribeiro Tavares

*Grafia atualizada segundo o Acordo Ortográfico
da Língua Portuguesa de 1990,
que entrou em vigor no Brasil em 2009.*

*Capa*
Kiko Farkas/ Máquina Estúdio

*Edição*
Heloisa Jahn

*Revisão*
Carmen S. da Costa
Arlete Zebber

Dados Internacionais de Catalogação na Publicação (CIP)
(Câmara Brasileira do Livro, SP, Brasil)

---

Tavares, Zulmira Ribeiro
  Vesuvio / Zulmira Ribeiro Tavares  — São Paulo : Companhia das Letras, 2011.

ISBN 978-85-359-1825-0

1. Poesia brasileira I. Título.

11-01130                                                              CDD-869.91

---

Índice para catálogo sistemático:
1. Poesia : Literatura brasileira  869.91

[2011]

Todos os direitos desta edição reservados à
EDITORA SCHWARCZ LTDA.
Rua Bandeira Paulista, 702, cj. 32
04532-002 — São Paulo — SP
Telefone (11) 3707-3500
Fax (11) 3707-3501
www.companhiadasletras.com.br

# Sumário

I
(instalações)

* a mancha de cor,  11
* vesuvio,  12
* o paradoxo dos fantasmas,  14
* abaixo da linha de pobreza,  16
* ... de velhos cadernos escolares,  18
* vida: objeto de desejo,  19
* a leiteira,  20
* café da manhã,  22
* música,  23
* desertificação,  25
* pelo retângulo da porta,  26

II
(ultraleve)

* modo,  29
* instruções amorosas,  30
* os homens da prefeitura,  31
* a tarde,  32
* mulherinha mulherando,  33
* o pequeno hiato,  34

* europeia, 36
* agendas, 37
* as mãos os olhos, 38


III
(figuras)

* choro, 41
* travesti, 42
* surfista, 43
* jiboia, 45
* luta, 47
* céu, 48
* excursionistas, 50
* menino noitedia, 52
* o jogo da cabra-cega, 53


IV
(estações)

* luto, 57
* relojoaria velha, 58
* após o inverno, 59
* o filósofo na primavera, 60

V
(lírica canhota)

* aliança,  63
* passaroco,  64
* o arquiteto e a bailarina,  66
* nosferato da serra,  68
* o amigo lento,  70


VI
(palcos/encenações)

* aberto à visitação,  75
* um otimista,  77
* os silêncios do grande mestre,  78
* o grito da maritaca,  80
* um dia morto de medo,  82


VII
(glosa)

* proposições com pássaros e folhas que o observador
estende ao engenho humano com certa referência ao
coração,  89


Nota do editor,  91

I

(INSTALAÇÕES)

# A mancha de cor

Se com o passar dos anos vamos perdendo os pelos que nos faziam orgulhosos por sua fricção animal e sua vizinhança dos capinzais na boa estação,

E, ainda, se vamos perdendo a água que nos deixava luminosos como sinaleiras, como elas atentos e úteis — isso ainda não é sério.

Podemos avançar nas perdas.

Mas, quando os dias se excedem, espichamo-nos como as sombras do poente, somos ginastas rastejadores, as sombras são nossos pijamas de elástico e fumo, elas nos levam estirados na direção do sol desaparecido dentro de sua mancha de cor.

Nossas sombras são sombras estradeiras.

Somos estradeiros com as sombras e corremos para nada dentro da mancha de cor.

# Vesuvio

Tua cabeça a prumo emplaca o tempo.
Dentro dela guardas o Vesuvio
que nunca chegaste a ter em pedra e lava,
mas em tela, plasma, figura.

Perto do Vesuvio, em esfuminho,
o perfil de teu amor esvaecido
há tantos anos.
E escutas chegar pelo esfuminho
como por um canal de cinzas
o professor Silvério cantarolando
nas aulas de desenho, o teu fracasso.

E tens no teu fracasso a mão direita
duplicada dentro da cabeça
suja de carvão e tinta a óleo.
A esquerda se apoia no joelho
e faz figa para o mundo: um sucesso.
Tua cabeça a acolhe com ternura
e com firmeza a ambas:
a submissa e a da recusa.

Um dia arrastarás, a tua cabeça,
para altas esferas,
como o saco de Noel (que delas desce)

a quem chamam pai,
papai para os pequenos —
pelo que distribui de vida adulta
adiantada em maquete e aos pedaços
com o impagável nome de brinquedos.

Cruzarás com ele e te farás de sonso.

Já tu agora de nada queres ser destituído.
Isso foi antes.
Sem acordo com Noel, não distribuirás,
e a usura será a tua força.
Sobre o teu pescoço, firmes
como o saco de Noel nos ombros,
terás dentro da cabeça
vivos, tudo:
do Vesuvio em tela à lava do teu corpo.

# O paradoxo dos fantasmas

Há duas espécies de fantasmas.
Os verdadeiros e os falsos.

O verdadeiro lembra o cristal mais puro porém sem nenhuma luz refletida que nos oriente sobre sua presença.
Assim, tendo ele perdido o reflexo sua condição de invisibilidade é perfeita.

Já não se pode dizer o mesmo quanto à sonoridade.
Como quando duas taças de cristal se tocam, leve ruído rascante por vezes vibra, finíssima trinca rompendo a lisura do ar.
Sabemos então que se acha presente na sala mais de um fantasma verdadeiro — e por algum motivo de nós desconhecido, se congratulam.

O fantasma falso é muito outra coisa.
Traz um grande lençol branco jogado por cima do que está dentro. Nesse lençol não há nenhum visor como em uma burca. Ou se trata de uma burca cega.
Suspeita-se, porém, que nas dobras do lençol cego exista, sim, alguma passagem de ar e visão entre o dentro e o fora; contudo

instável, já que sempre se abrindo e fechando em segredo para o fantasma de que aqui tratamos não ser apanhado em falso, ainda que venha a ser essa exatamente sua natureza e disso muitos sabem — porém outros nem por sombras.

Com frequência seu olho que vasculha a sala se desencontra do visor improvisado, assim é natural que aqui e ali tropece em si próprio e em si próprio enrosque os pés, e caia com estrondo, ou role a escada e solte um urro cavernoso seguido de palavra impronunciável. Esse fantasma e todos os outros da sua espécie são os mais temíveis: pois que existem.

# Abaixo da linha de pobreza

Ora vejo a linha de pobreza no contorno irregular dos prédios, altos, baixos, ou das pequenas casas de autoconstrução na encosta dos morros.

A linha que mais me atinge é a reta, que vai de um ponto a outro sem desvio. Sei que nela há números. Quais, não sei. Ainda que não tenha cor, peso, e tangencie o invisível, é forte. Li a propósito.

Considero a linha do horizonte a que mais se aproxima do que imagino ser a linha de pobreza. Da cidade, ver o horizonte é difícil, ou se apresenta com defeito. Rememoro-o distante, no fim do mar. Deve ser de lá que a retiram, a linha de pobreza, com régua e compasso: para raciocínio e ação. Pois impossível que não exista primeiro na paisagem, material, resistente. Tem de existir, como certas fibras arrancadas à natureza para com elas se fazer feixes, relhos, assim como servem de enfeite as penas de belas aves.

Verdade que ao longo da vida passaram-me diante dos olhos gráficos estampados em folhas de jornal. Alguns diziam respeito à linha de pobreza. Neles, seu traçado não remetia ao limite que se tem do mar, longe, e por vezes mesmo delineou o contorno de ondas crespas e próximas ou, além, de escarpas, promontórios... Puras formas da física terrestre, impetuosas, dramáticas, tocando o interior dos homens de modo diverso ao da linha do horizonte — que os acalenta com o sono, a tranquilidade ou a morte.

Abaixo da linha de pobreza...(...)

# ... De velhos cadernos escolares

Partimos de barco em direção à ilha, pequena, redonda e verde como a dos cadernos escolares. No centro, alguns coqueiros.

Ao pisarmos o seu chão, desfez-se, desprendendo cheiros de vegetação e terra úmida que se juntaram ao de maresia. Como se no ar a nossa volta perdurassem em novo arranjo, ilha e mar.

O equilíbrio na água era precário. Certo tremor agia em cada um como instrumentos de corda quando a propagação de sons tem seu início. De volta ao barco não olhamos para trás, nem que figura ali deixáramos às nossas costas, sem real força remissiva.

# Vida: objeto de desejo

Nós desejamos pinguins.
Não os de geladeira
com seu peso fixo de massa pintada
sua estatuária de cozinha
sem nenhum sopro de da Vinci.

Nós desejamos pinguins.
Não os das geleiras
que nos esfriam os dedos
ao toque de suas penas firmes.
Frios são os caminhos que nos envia a morte.

Desejamos os pinguins de nosso assombro
fechados dentro de nós no desejo
como pérolas nas ostras.
Ostras não sabem das pérolas
que engendram e trazem consigo.
E nós que os formamos do escuro,
deles só temos o rastro, pinguins,
com seu brilho
de nácar.

# A leiteira
(velhas regras da infância)

Ele:

— Durmo com uma mulher sentada em meu estômago. Ela é branca, lisa e bojuda, é a leiteira de minha infância, pela manhã, à tarde e à noite. Ela me dói como um fardo no estômago e me arde como a brancura dos lençóis, que não devem ter sonhos maus, falar da peste. É uma mulher sólida como as virtudes que minha mãe diz ser as honrarias do homem. E tem uma alça pela qual a inclinam quando o leite e a virtude são despejados fumegantes — queimam como a aflição que não esfria, e doem como o pânico faz doer o estômago.

Essa mulher não se arreda de onde está, não chega à minha virilha. Lá, onde o corpo se aparta e se prepara para as marchas, os solavancos, a fonte escavada no fim como água brotando um pouco menos rala que leite de mulher, mais grudadora, é pega, cola — se caída no lençol a ele empresta o modo quebradiço do papel: estampilha do amor cumprido, o esperma.

A tábua onde a leiteira se encontra três vezes ao dia acha-se sempre tão imóvel quanto o meu corpo a cada noite. Debaixo da toalha não lembra a árvore que foi. E o meu corpo deitado, quieto, se faz de mesa — posta para receber as regras da infância. A virtude no centro, branca, lisa e bojuda, tem o peso inarredável da mulher sentada.

# Café da manhã

Vão-se os anos e ele já não toma as manchetes do matutino pela realidade.

Não cancela a assinatura por antigo hábito em ter o jornal pelas manhãs — junto ao pão francês, o café turco e o leite puro de rebanho holandês.

As páginas abertas farfalham em breves e sacudidos movimentos de um ginasta e leitor simultâneos, agitam-se as cortinas.

— Sossega, coração.

Na sala, o francês, o turco e o holandês alinham-se, sentinelas solidárias assegurando, pelo pão, o café e o leite, a permanência do matutino que por longo tempo ele supôs falar do distante mundo — e ainda lhe acenar com as novas da manhã, próximas ao peitoril da janela.

Mas, para além das cortinas a paisagem não se move. O mar perdura uniforme em confronto com a cidade. A linha dos prédios e o maciço de montanhas não se alteram ao olhar. Nenhum transeunte passa. Nenhuma palma se inclina. Nenhuma força moral pesada como a tempestade.

# Música

Música:

Batalha de ferramenteiro.
O ferruginoso. O que cintila.
Forma-se de uma substância tão paina
no ar, na volta de um respiro,
no rente de uma cercadura.

Músico:

Esforço de um ouvido que nasce caramujo.
Casa do mar. Casa do horizonte.
Cesta da dobradura
do som, do quebra-mar
por dentro do canudo torto.

Partitura:

Esteira para animais minúsculos
passando em caravana —
podem ser dromedários, elefantes pensos, pássaros
desabridos
que assim se apresentam ínfimos,

notações,
pontos pretos na risca do areal
para a real surpresa dos tímpanos
quando serão devolvidos
ao tamanho exato do que é vivo.

# Desertificação

Um cisne chegando ao poema pelo lado dos lagos e dos salgueiros. Tão banal. Você o retira a tempo pela outra margem puxando-o pelo seu pescoço de cisne. Ele solta um grasnido e some. Sobram algumas penas no ar como seria esperado de poema que contempla paisagem. Com os dedos em pinça você as recolhe, uma a uma. Serviço limpo. Os salgueiros inclinam-se sobre os lagos. Os lagos refletem os salgueiros. A fatalidade do lugar-comum. Você se inclina sobre os lagos como fazem os salgueiros, mas por uma boa causa. Porém, antes de desmanchar com as mãos na água o que ali entrou sem a intenção do poeta (que você é, não o negue, à procura da resolução absoluta), nela aparece em primeiro plano — empurrando os salgueiros para trás que correm no vento como escoteiros aturdidos — um peixe farto olhando-o de volta com suas pálpebras de homem pisca-pisca, você, você, espécie transgênica nesse campo devastado da poesia.

# Pelo retângulo da porta

Sentada com as pernas descruzadas a velha apoia nos joelhos o grande dicionário.

Procura nele a palavra que não lhe foi explicada nesses anos seguidos de conversa.

Curvada como se lhe doessem as costas; e as pernas tremem.

Os olhos lhe faltam no momento preciso, a cabeça tomba.

O dedo grosso manchado de tinta e de pigmento de sol procura no abecedário o caminho da palavra; por aqui e ali. O caminho se bifurca; outra escolha.

Pelo retângulo da porta o homem moço observa com curiosidade certa interrogação no ar e uma atenção de raiz, e as duas pernas que as sustentam, e os pés plantados no assoalho.

II
(ULTRALEVE)

# Modo

Viveu a dura vida —
a dura vida calada.
Como um sapato vazio
sem cadarço viveu.
Um sapato cambaio
à deriva
sem ele dentro. Viveu
fora de si
a dura simples vida.
Descalçou-se para dormir
na pedra. Sem um ai —
um som de queda.

# Instruções amorosas

Telefona-me a horas mortas
e em tempo de frio.
Estarei hibernando como as marmotas
ainda que cave meu abrigo sob edredons
fêmea que sou de um outro hemisfério.

Meu celular,
pequeno como o lóbulo de minha orelha,
ficará aberto o tempo em que as marmotas dormem
no subsolo do mundo.

E no celular que te envio,
do tamanho da unha de teu polegar,
digita o meu número,
acessa o meu nome.

# Os homens da prefeitura

Um poema escondido atrás de caixas
como ratos espreitando por baixo de fogões.

É um poema, e o seu pelo docemente cai
ao sopro do veneno que os homens põem
no coração das coisas.

Não são os homens da prefeitura
chegando com suas pérolas confeitadas
que matam dentro do doce — Ouça
o poema uma vez e outra

como ratos miúdos e prolíficos
sujos da miséria de seus ventres envenenados
ao morrer.

# A tarde

Diante das conversas no velório
ficou meio esquecido.
Era calado e pequeno — era triste.

Uma criança o espiou
por baixo das pálpebras que se abriam
ela pensou — à luz das velas soprando —
para ver o que escondiam.

Nada. Estava vazio, e como a tarde
era também sem cor.

# Mulherinha mulherando

Três coisas nela são frias:
— o dedo dos pés
— a ponta do nariz
— o bico das tetas.
De quente ela traz o hálito
... e ofega.
O que tem de quente
e o que tem de frio
fazem as duas metades da noite.
Ela espanta as dores do mundo
e acende as luzes da cidade.

# O pequeno hiato

Ela traz guardado no peito
um prestativo alegre coração.
Juntos congratulam-se pela mata
florida por vaga-lumes —
o ar escuro na fresta dos galhos
longe, longe das cidades.

Pulsam um com o outro.
Ele palpita em seu peito
Ela no agitar das pálpebras.

Estão vivos e disso sabem
sempre atentos a qualquer anúncio de separação.
O prestativo alegre coração
jura-lhe fidelidade em alfabeto Morse (tão antigo).
Ela corresponde, os braços cruzados no peito
com mãos que nele batem, dih, dah.

O coração admite um cochilo
de raro em raro.

Tanto entendimento
que por vezes lhes fraqueja o juízo.

O pequeno hiato na conversa a dois
não os afeta.
O coração o tem por confiável.
Ela não lhe atribui importância.
Nada sério,

por ora.

# Europeia

Vida tristonha. Depois do verão
distraio-me com folhas caindo no outono.

Porém poucas caem
por estes lados do mundo.
Uma ou outra por vezes — amarela.

Eu me consolo
me sinto europeia.

# Agendas

O que me intriga na vida
É ela não ter agenda própria.

Escrevo eu em uma agenda
Ela por cima escreve a sua.

Por isso eu gosto da vida.
Porque não se leva a sério.

Porque me atraiçoa.

# As mãos os olhos

As mãos curiosas os olhos sonolentos.
As mãos se imiscuem os olhos piscam.
As mãos olham com as pontas dos dedos
ao redor — A palmeira no centro.
Os olhos se esfregam no sono
como os recém-nascidos na mama.
Partiram os olhos deixaram as mãos
sem resposta — vazias
na vigília fechando e abrindo
como pálpebras.

III
(FIGURAS)

# Choro
para pixinguinha

Os que morreram estão perto do muro.
Por terem morrido afinaram como salgueiros
à contraluz.
visíveis apenas de perfil
à tarde
contra o sol inclinando-se
são finos e escuros
como frestas de uma grade.
Assobiam de dentro
do que
não se sabe — nem como
se abraçam com tão finos braços
de corda, de viola.

# Travesti

Prendeu a roupa no varal
e do outro lado dos lençóis
o mundo.

Esconde-se no branco lavado.
Não quer que o mundo, os outros a revelem

no sol que a incendeia.
E o seu nome é Radiância.

Quem o deu foi o doutor do Abrigo
sabedor dos que trazem na matalotagem
assombramento e luz.

Tendo por nome de chegada Cipriano
vindo da Paraíba ele
para São Paulo — Hoje

... Radiância ela,
no lusco-fusco das esquinas
Rainha.

# Surfista

Tinha o corpo pronto para fazer filhos
e surfar à grande.
Não lhe guardei o nome. Era um homem

de ancas estreitas e ombros largos.
O seu peito arrostava os repelões do ar.
Não perdia o equilíbrio

e a musculatura o trazia
a um palmo acima da água.
Tanta força e destreza
vinha-lhe do arcabouço exato.

Veloz, impunha respeito às gaivotas.
Elas não lhe batiam no crespo da cabeça
de caracóis duros como o das estátuas.

Era um homem feito
e sabia o quanto. Ele pensava

a sua descendência de ouro.
Esperma e espuma fosforesciam na noite.

O surfista corria pelo escuro do mar
sonhando novos obstáculos —
o olhar esperto e vigilante.

Golpeado por um impulso a contrapelo
— vagalhão sem lei —
a prancha partiu-se em dois
e os urubus lhe abriram espaço
no céu das gaivotas.

Da praia sua descendência se desata
no raso da vazante — maré vazia.

# Jiboia

Depois do almoço
Palmira jiboia.
Tem cisma com termo mais light:
sesta — de *socialite*.
Palmira não gosta.

Olha para o alto.
Enxerga árvores
onde há telhados.
E telhas partidas caem.

Sopra a brisa do morro
esfriando-lhe a nuca.
Mas é o vento encanado
de portas batendo.
Palmira não escuta.

Palmira por trás da modorra
espiona a vida sebosa.
Acorda. Espirra.

E o lençol que a enrola
fabrica uma cobra de giz.
Palmira não gosta.

Por que não ter como sua
uma nova figura
que lhe sirva de espelho?

Uma cobra top model —
a coral, por exemplo.

Palmira boceja. Recusa.
E o seu corpanzil sem remorsos
navega nas horas da grande preguiça.
É barco, bote, bandeja, bacia

Jiboia gozando a sesta
de gente que pode

triturar pela boca o mundo arrastando nas cheias
benesses, roedores, reses...

# Luta

Morreu a mãe ao perder o choro.
Pregaram-lhe um susto grande
tal qual se fazia antes
com meninos de berço
para o choro saltar de volta
com um barulho forte
de água de bica.
A parentela em círculo aliviada
batendo palmas.
Porém o fôlego não lhe voltou.
Não lhe saltou de volta a vida.

Antes de antigamente,
de crianças pequenas tramando
artes, lutas guerreiras,
dando coices de passarinho no inimigo.
Mas o ar se desentendeu à sua volta
e a mãe recebeu um cocar
— como se índia fosse —
de penas de corvo.

# Céu

Pelo cemitério.

Menino nanico e os pais indo à frente.
Ele — arrastando os passos,
um pé mais o outro.
Os mortos eram deles, pais,
não os havia conhecido, nada lhes devia.

A certo momento parou e pensou
na excursão como plano fechado,
para a hora.

Subiria no túmulo mais baixo.
Em mais um, e mais um acima.
Os mortos seriam de outros,
pisaria suas cabeças prensadas
pela vida que lhes pesava por cima,
fechadas no silêncio
do escuro sob a pedra.

De cada pedra fazer um degrau para o alto.
No último túmulo aspirar fundo e dar o impulso
escorado por algum braço de mármore,
algum ângulo de cruz polida
com arestas de navalha.

Sem raspar o cimento com as pontas do calçado
no impulso passaria em voo sobre o muro,
tombando no terreno vizinho

onde meninos livres e terríveis
brincam sem trégua de tudo que lhes é proibido
chutando bolas murchas e cacos de garrafa,
dando os gritos agudos dos cantores e dos bichos

no meio do terreno baldio
do outro lado do muro.
No centro do céu.

# Excursionistas

Um menino novo cor de palha.
Um cachorro velho cinza trapo.
O menino leva consigo um apito
o cachorro traz um guizo ao pescoço

para não se perderem.

Para serem lembrados
vão deixando fina pista de som no ar
como os fios de telefone à altura das árvores
levam mensagens.

Seguem no encalço dos brejos iluminados
por surpresas.

Orientam-se pelo córrego dos esgotos
que espumejam na guia das ruas.

Levam também um mapa de estopa.

O cachorro se atrasa a cada poste.
Ergue uma pata e a metade do corpo
com a graça de uma bailarina clássica.

O menino faz de outro jeito.
De longe em longe.
De pé, as pernas abertas
como um goleiro.

Mal passaram e já estão desaparecidos.

Mas teriam existido com certeza
afirmam os que ainda escutam os sons
deixados para trás presos às árvores
que murmurejam
com as linhas telefônicas.

# Menino noitedia

1

Medo que o sol lhe caia aos pés da cama. A quina da
madeira, nua, de espiã. A fronha murcha e o travesseiro
socado a um canto. Léguas e léguas de sonho na carretilha.
Aos pés da cama, caído, um ruivo mau:

> o sol.

2

Mas a certa hora o adormecido levanta-se lépido molhado
pelas águas da manhã, pernas de fora, lavadas. Saltam os
olhos do retângulo da janela para a cumeeira do mundo,
seguindo, com muita festa, o farolete de espavento que
esperta o dia:

> o sol.

# O jogo da cabra-cega

A morte exige da cabra
no jogo da cabra-cega
a cabra-cega completa.
Mais do que cega, muda.
Mais do que muda, surda.
No corpo nenhum movimento.
Na testa nenhum pensamento.

Ao redor gritam os pentelhos:
me pega, me pega, me pega,
me pega, me pega se pode.

Com ouvido mouco ela acolhe
o desafio das palavras.

E com pernas sem movimento
ela se locomove.
E com mãos espalmadas sem tato
ela os toca, ela os toca.

Gritam os pentelhos, desamparados —
e são feras, feras caídas
acuadas nas luzes do pátio.

Separados, se acusam, desmentem:
Você, não eu, foi marcado.

O lenço no olho da cabra
já mudou para outro endereço.

Que rosto foi que o ganhou?
Quem o amarrou apertado?

Quem o cegou como à fera
que se abate partida no mato?

A morte exige severa
que o jogo da cabra-cega
seja jogado sem erro.


... me pega, me pega, me pega, me pega, me pega se pode...
... você, você, você, não eu, não eu, não eu, foi marcado...

IV
(ESTAÇÕES)

# Luto

A chuva passa longe — distante
o raio vai cair no lago.
Vestem-se os peixes de preto para a morte.
Mas primeiro suas escamas relampejam
como nunca antes. Como nada igual.

Primeiro um anzol de fogo
na ponta de uma linha súbita
suspende no ar os peixes com o lago

para os largar de volta
na planície — com estrondo.

O lago se desencrespa e aquieta.
Os peixes,
cobertos de preto para a cerimônia fúnebre,
vagarosos vão passando pela água sem
o empuxo das nadadeiras.
Soltos
como nunca antes. Como nada igual.

# Relojoaria velha

O coração preso no relâmpago.
Um risco de ouro no vento: furibundo.
Um clamor de pânico no maquinismo

velho como os ares do verão a cada ano.
Chicote rápido elétrico sovando o céu.
Trovão e quebra
do coração ribombando longe.

Rente ao chão o aguaceiro alegra
minhocas saltando livres
molas soltas no barro.

# Após o inverno

Desarrumação em setembro. O vento batendo as portas e a floração rebentando nas cercas vivas. O céu por vezes de terracota bem acima das cabeças, mas também finas agulhas de gelo imiscuindo-se pelas frinchas, noite alta. Era em São Paulo. Então se entende: o mato bravo torcido pela chuva, o prédio em demolição pingando água salobra. Queimação e calafrio na matriz dos sonhos. Com o coração nas mãos você em vão corre atrás de uma promessa antiga de calendário — de quatro estações arrumadas como quatro ovos em um cesto, cada ovo uma cor, quatro anúncios de vida própria e diversa chegando cada uma por vez, a seu tempo — paulistano; insensato.

# O filósofo na primavera

Não gosta de mostrar que está pensando
porque isso lhe parece pouco real.
Disfarça, e finge estar olhando
o passarinho bebendo água no beiral

do telhado — de sua casa de cal e pedra
onde mora com sua família de pedra e cal.
Onde estará o real, ele pergunta em pensamento
com medo que descubram, cedo ou tarde,
sua ocupação principal:

Fazer perguntas que escapam, batendo as asas
como os pássaros para o beiral das casas.

V
(LÍRICA CANHOTA)

# Aliança

Lua —
O que ainda se pode dizer dela.
Que é nua. Sem enfeite.
Sua força nasce da luz branca
baça, que a imprime.
Mesmo no minguante
é o círculo que a sustenta.

Mas se algum observador
levar em conta suas manchinhas
poderá tomá-las como aquelas conhecidas
por flores de cemitério
sobre o dorso de mãos que anoitecem.

E mesmo se breve a união
e a comparação soar impura
entre a superfície humana e a da lua,
terá o coração leve e pisará em nuvens
alegre com a invenção em forma de aliança.

# Passaroco

o nome esquecido da melancolia

Quero me ir devagarinho
como iria um passarinho.

Mas como iria um passarinho?
Já vi passarinho morto.
Passando a morto não vi.

Mas passarinho e vagarinho
soam parelhos à vida
que vai no compasso igual
dos relógios tiquetaque
que já não são deste mundo

e só fazem ruído por dentro
naqueles que hoje morrendo
vieram de tempos passados
dos relógios com alarido.

Tenho pena de mim que não tenho
penas de passarinho

que se soltam dos ninhos
e com o vento
formam redemoinho

erguendo uma ponte aérea
entre a terra
e o céu dos homens

onde só nascem árvores
que nunca perdem as folhas.

Para elas queria ir chegando
com ares de passarinho

levando bagagem pequena
com certo acento de voo

e uma tristeza branda
com a qual se forram nos ninhos

o travesseiro daqueles
que a chamam melancolia

e eu diria passaroco.

# O arquiteto e a bailarina

Como um compasso
as pernas de aço abertas

Primeiro uma perna no chão
a outra perna na barra

Depois a troca das duas
pontas da sapatilha

Com os pés em ponta ela faz
aquilo que ele lhe ensina

O compasso nas mãos que o seguram
se abre e desenha um círculo

No umbigo ele a beija com a língua
como ajusta um parafuso

Sem exasperar a pressão
insiste e abre caminho

Avança seguro e cego —
na reta o ponto de fuga

Depois com mãos que arquejam
desenha a planta do mundo.

# Nosferato da serra*

Deitada,
não dormia.

Fingia-
-se de morta,
mas sofria.

Pela janela apresentou-se
um habitante da noite.

Morcego de grande porte,
ou seria um homem.

Com a curvatura própria
a um estancieiro de longa capa
dobrou-se,
e nela se acertou
como a uma luva.

Pela manhã bateram à porta.
Era tarde. Ela dormia.

Diziam que fingia o sono
àquela hora do dia
e que sua carne era um deserto.

Pois da noite que se fora
a hera que a cobria
consumira-lhe a umidade.

Sua carne era fantasia.


\* ...d'Água, da Ajuda, da Canabrava, da Esperança, da Raiz, das Araras, da Saudade, da Tapuia, de Santo Antônio de Itacambiruçu, dos Aimorés, do Boi Preto, do Salitre, dos Cristais, dos Dourados, dos Matões, dos Arrepios, dos Brasis...

# O amigo lento

Você, amigo lento,
caminha e nunca chega para o abraço.

Sonhei que vinha —
mas a chuva breve e forte acordou-me
antes que você me alcançasse.

Sua lentidão é como certa variação na água
presumo —
uma flutuação de músculos
que mal pesa no esforço conjugado.

Ainda assim por que não chega, eu me pergunto,
se há tanta determinação nos passos
e o peito largo e o olhar reto
não escondem nada que possa haver de dúbio.

Na grama o seu andar não deixa
lastro de som e nem precisa
para afirmar que vem.

Espero sempre, e de novo adormecido, sonho.
No sonho sua mão se acha a um palmo do meu ombro
como a asa aberta de um pássaro.

Desperto para a chuva forte que fere a grama
sem que pássaro algum desça até o meu ombro
fechando nele as asas como anúncio de amizade.

VI
(PALCOS/ENCENAÇÕES)

# Aberto à visitação

O teatro do mundo está aberto à visitação.
O globo terrestre se oferece em espetáculo.
Quando acabar o espetáculo, acaba o mundo.
O sol foi pintado de preto para diminuir o impacto
do fim do mundo.

Um pobre-diabo pateia e pede o dinheiro de volta.
Lhe fazem, psiu, psiu.
O mundo acabando e ele nem se dá conta.
Calma:
Este mundo no palco tem uma lua de estanho batendo no
 céu
como um gongo anunciando as horas noturnas.
Um galo branco com a goela aberta na madrugada
puxa o recomeço dos dias com a força de uma carreta de
 estuque.

As terras e os mares do mundo
são de difícil representação, como os homens, as nuvens.
Oferecem o espetáculo da inconstância —
formigas e elefantes trocam de lugar na cena.
Há graça no mundo quando o trevo é de quatro folhas;
e a vitória-régia — colosso de pétalas — flutua.

(Muita desenvoltura de fauna e de flora.)

São artes que apontam para o que no palco
é puro engenho de cenografia:

como o galo de estuque, a lua de estanho, o sol pintado de
  preto.

# Um otimista

Quanto mais velho, mais saltitante.
Mais corcovado, mais buliçoso.
Quando um dia, apesar dos arroubos, finda,
pelo retrovisor espiona
os que se apressam às suas costas.
Avançam compenetrados
e se municionam de pás, lenços e guarda-chuvas.

Açodamento e hipocrisia, confabula o finado a caminho.
Ordens suas
expressas e não acatadas:

Nenhum enterramento.
Apenas:
uma incineração afinada com os dizeres da Mulher do
   Tempo:

"Nuvem passageira, eu passando. Céu encoberto
   melhorando
no decorrer do período".

# Os silêncios do grande mestre

Não existe montante de palavras
que mostre o quanto é inteligente.
Daí prefere palavra alguma.
E fica a olhar o horizonte —
mudo, mas com ar de entendido.

Um franzido entre os olhos
e basta. O rugido do mar
não o perturba.
No horizonte um naviozinho passa,
simples verruga na pele da água.
Que passe!
Idas e vindas não o confundem.

Na areia
um florilégio de espuma lhe chega aos pés.
Os discípulos o afastam com cautela.
Dentro do emaranhado branco
pode haver tentáculos de água-viva
da infecta zombeteira crítica

à espera para atingir O Grande Mestre.
Arrancar-lhe dos lábios
uma exclamação de dor extrema
ou o que é pior

um ai-ai-ai
seguido de palavras corriqueiras.

Já souberam dos que meditam de cócoras?
E só abrem a boca para engolir suas papas?


Oh!

# O grito da maritaca

Restará sem a certeza
do que é que o seu ouvido
escuta dentro na sala:
Serão conversas privadas

ou o que vem pela janela
de fora, da grande avenida —
Serão buzinas, o vento,
o escapamento de um carro,
ou o grito da maritaca
fugida do cativeiro
em que o vizinho a tem presa
por despique às grandes causas.

Na sala alguém se interrompe
fecha a janela — o alvoroço
de fora não lhe permite
continuar a sua fala:

Será informe reservado
ou investigação do que corre
em segredo de Justiça.

Será o desmonte da verdade.
Há silêncio na sala
de voz humana — Apenas

ressoa como pancadas
batendo contra a vidraça
o grito da maritaca.

# Um dia morto de medo

— DESCENDO —

No elevador há recados:
*"Cuidado, não olhe para os lados"*

Quando a porta se abrir não queira
sair pisando forte.

Apague trilhas

Faça do pátio um tapete voador.
Você não vai.
É levado.

Ombros para trás:
coragem.

Rosto para baixo:
não abra o jogo.

O perigo bate de frente:
não o afronte.

Nunca olhe no olho do perigo.
Ora ele se disfarça

no menino da lavanderia
atrás do cabide —

ora no entregador de pizza.
Dentro da caixa redonda,
o estampido.

Passando pela portaria
não falseie o passo —

Continue,
não titubeie

não se deixe fascinar
por curiosidade indevida —

saber quem se encontra
atrás do vidro com insufilme:

o porteiro de todo dia
ou aquele do nunca mais.


— ATENÇÃO —

Informes velozes alertam:
*"não prossiga"*.

Desista.

Já.

Cautela:
não deixe que aflore o recuo tático.

(repita o bobo no tapete voador)

Você não pensa.
Você não sabe.

Somente lenta meia-volta-volver
repetitiva
como se flutuasse o corpo
seguindo o corrupio das folhas.

Apenas um arrependimento do corpo.

O dia rendido.

— PARA O ALTO —

Regresse.

VII
(GLOSA)

(Variação sobre poema de Ruy Belo, poeta português, a pedido de Osvaldo Silvestre, assim como a outros autores, para o número 15 da revista de poesia *Inimigo Rumor*, que a ele dedica um dossiê, aos "vinte e cinco anos da morte e aos setenta do nascimento".)

## ALGUMAS PROPOSIÇÕES COM PÁSSAROS E ÁRVORES QUE O POETA REMATA COM UMA REFERÊNCIA AO CORAÇÃO

*Os pássaros nascem na ponta das árvores*
*As árvores que eu vejo em vez de fruto dão pássaros*
*Os pássaros são o fruto mais vivo das árvores*
*Os pássaros começam onde as árvores acabam*
*Os pássaros fazem cantar as árvores*
*Ao chegar aos pássaros as árvores engrossam movimentam-se*
*deixam o reino vegetal para passar a pertencer ao reino animal*
*Como pássaros poisam as folhas na terra*
*quando o outono desce veladamente sobre os campos*
*Gostaria de dizer que os pássaros emanam das árvores*
*mas deixo essa forma de dizer ao romancista*
*é complicada e não se dá bem na poesia*
*não foi ainda isolada na filosofia*
*Eu amo as árvores principalmente as que dão pássaros*
*Quem é que lá os pendura nos ramos?*
*De quem é a mão a inúmera mão?*
*Eu passo e muda-se-me o coração.*

RUY BELO
*Homem de Palavra[s]*, 1970

PROPOSIÇÕES COM PÁSSAROS E FOLHAS QUE O OBSERVADOR ESTENDE AO ENGENHO HUMANO COM CERTA REFERÊNCIA AO CORAÇÃO

Folhas de árvores são pássaros planadores. Muito antes dos aeroplanos, dos ultraleves, já lá estavam, sempre estiveram, em seus trapézios e hangares.

Diversamente de outros pássaros, não planam as folhas-pássaros por um período longo. Nem o fazem a qualquer dia do ano.

Tampouco abrem as asas para o voo, pois são, por inteiro, asas.

Seus corpos sem relevos, apenas com ranhuras, as minúsculas cabeças de olhos tristes recolhidos atrás de pálpebras (só por uma fresta de luz lhes é dado ver o universo), suas patas retráteis, tudo neles se comprime, perde volume, se achata, guarda o feitio de asas tudo, a parte e o todo um pelo outro, tudo asas, asa, como ocorre com certas lagartas que se fundem às cores dos troncos nos quais se disfarçam.

São asas plenas mas aguardam sua ocasião de voo. Exercitam-se os pássaros planadores nos trapézios-árvores executando cabriolas impensáveis aos palhaços humanos, humilhando-os com sua leveza e seu tino para o equilíbrio, apoiados apenas por uma perninha-galho exposta unicamente para o exercício habitual.

Assim como os morcegos, as corujas e os guardas-noturnos que despertam para a noite, de igual modo os pássaros planadores voltam-se para o mundo e os seus riscos ao se aproximar a noite das estações, com o outono. Então aos poucos, e cada vez mais, vão se soltando dos trapézios e andaimes formados por dobradiças e apoios escurecidos; ainda ontem castanhos, verdes. Ou do alto gradeado das árvores aguardam nos hangares a sua hora, quando se lançam.

Não grasnam ou cantam como certas aves e outros pássaros, nem dependem de velas como os planadores dos humanos, ou trazem um motor louco dentro de si como os supersônicos.

Afirmam porém certos estudiosos muito adiante de sua geração, e que fazem da ciência o coração pulsante do mundo, que tais pássaros planadores, conhecidos vulgarmente por folhas, abrigam em seu interior impulsos precisos que os dirigem pelos declives do ar à terra de sua breve vida.

E diferentemente dos outros seres que perdem as cores com a morte — no outono, estação em que o verão desfalece, sobe à pele dos pássaros planadores o vermelho denso do sangue envilecido; lembra a superfície de antigos engenhos voadores depositados no tempo e impressos na história dos homens como ferrugem e fogo.

# Nota do editor

Alguns poemas desta coletânea já apareceram em jornais e revistas. Abaixo, as referências relativas a essas primeiras publicações. Os poemas não mencionados são inéditos.

"Abaixo da linha de pobreza" — *Piauí*, nº 5, fevereiro de 2007
"Após o inverno" — *Ficções*, ano 1, nº 2, segundo semestre de 1998 (com o título de "São Paulo após o inverno")
"Café da manhã" — *Inimigo Rumor*, nº 14, primeiro semestre de 2003
"Choro para Pixinguinha" — *Cult*, nº 41, dezembro de 2000
"Desertificação" — *Cult*, nº 41, dezembro de 2000
"... De velhos cadernos escolares" — *Piauí*, nº 5, fevereiro de 2007
"Jiboia" — *Piauí*, nº 5, fevereiro de 2007
"A mancha de cor" — *Inimigo Rumor*, nº 13, segundo semestre de 2002
"Nosferato da serra" — *Inimigo Rumor*, nº 13, segundo semestre de 2002
"Partitura" (segmento III do poema "Música") — *Cult*, nº 41, dezembro de 2000
"Proposições com pássaros e folhas que o observador estende ao engenho humano com certa referência ao coração" — *Inimigo Rumor*, nº 15, segundo semestre de 2003
"Surfista" — *Piauí*, nº 5, fevereiro de 2007
"Vida: objeto de desejo" — *Piauí*, nº 5, fevereiro de 2007

ESTA OBRA FOI COMPOSTA POR 2 ESTÚDIO GRÁFICO
EM MERIDIEN E IMPRESSA PELA GRÁFICA BARTIRA
EM OFSETE SOBRE PAPEL PÓLEN BOLD DA SUZANO PAPEL E CELULOSE
PARA A EDITORA SCHWARCZ EM MARÇO DE 2011